Género Obra de teatro

I0799129

Pregunta esencial

¿Qué se puede descubrir cuando se mira algo una segunda vez?

Una torta para mamá

Claudia María Ramírez López
ilustrado por Marcos Toledo

Acto 1

Se mezclan todos los ingredientes

Personajes:

DAVID

ISABEL *(abuelita de David)*

FERNANDO (*papá de David*)

ANA *y* **SUSANA** *(hermanas gemelas de David)*

NARRADOR

Escena 1

Escenario *Isabel toca a la puerta de la casa de David.*

NARRADOR: Hoy es el cumpleaños de Martha, la mamá de David, y por eso el niño quiere darle una gran sorpresa. No quiere comprarle un regalo, sino fabricar algo con sus propias manos.

(Tocan a la puerta).

DAVID: (*Abre la puerta emocionado*) ¡Abuelita! ¡Qué bien que eres tú! Gracias por haber venido, no sé qué le voy a regalar a mamá en su cumpleaños, ¿me ayudarías pensando en algo que pueda gustarle?

ISABEL: (*Con una gran sonrisa*) Mijito, pues claro que te voy a ayudar. ¿Tu mamá está? No quiero que descubra que vamos a hablar de su cumpleaños.

(Ambos llegan a la sala y se sientan en el sofá).

DAVID: No está, no hay de qué preocuparse. Quiero regalarle algo hecho con mis propias manos.

ISABEL: ¿Qué has pensado hacer?

DAVID: Aún no sé qué hacer, quería hacerle una tarjeta, pero ya le hice una con dibujos de colores el año pasado.

(Isabel hace gestos de estar pensando y David la observa intrigado).

ISABEL: Em... (*De repente, dice con entusiasmo*) Y... ¿qué te parece si le organizamos una fiesta sorpresa? ¡Tú podrías preparar la torta!

DAVID: No abuelita, no sé hacer tortas. Lo único que sé hacer en la cocina es servir mi cereal. Tampoco puedo acercarme al horno. Creo que lo mejor es que tú prepares la torta y yo organice la fiesta.

ISABEL: Al contrario, ¡prepárale la torta! Yo te ayudo. Si tienes voluntad puedes aprender y la podemos volver a hacer en otra ocasión. Además, no te voy a dejar solo: es mi obligación acompañarte en la cocina. Imagínate la cara de sorpresa de tu mamá cuando sepa que la preparaste tú.

DAVID: (*Sonriente*) ¡Qué bien! Hagamos la torta juntos, así aprenderé a hacerla... (*inquisitivo*) pero ¿cómo la haremos?

ISABEL: Busquemos una receta en internet, allí encontraremos varias opciones. ¡Puede ser de chocolate!

DAVID: (*Sonriendo*) ¡Sí, sí, ese es su sabor preferido!

AHORA COMPRUEBA

¿Qué va hacer David para su mamá?

Escena 2

Escenario *En el estudio de la casa están David, su abuela y su padre.*

NARRADOR: Isabel y David han buscado en internet y ya tienen la receta de la torta que harán para Martha.

(Isabel y David llegan al estudio, donde está trabajando Fernando, el papá de David).

DAVID: Papá, te tenemos una gran noticia (*guarda silencio por un tiempo para darle suspenso*) la abuelita y yo prepararemos una torta para mamá y le organizaremos una fiesta sorpresa.

FERNANDO: (*Muy sonriente*) Me parece una idea muy buena, entonces tú harás el pastel y yo haré la cena, ¡lo mejor es que la sorprenderemos!

ISABEL: (*Hablando en voz baja y misteriosa*) Es necesario que ocultemos todo, debemos ser muy cuidadosos para que sea una verdadera sorpresa.

FERNANDO: ¿Ya tienen la receta? Ojalá prepararan una deliciosa torta de chocolate.

Escena 3

Escenario *Los personajes siguen hablando en el estudio.*

FERNANDO: (*Gritando*) Ana y Susana, ¡vengan al estudio!

(Las gemelas llegan al estudio y saludan a la abuela).

DAVID: (*Muy emocionado*) La abuelita ha tenido una idea genial, vamos a hacerle una fiesta sorpresa a mamá. Papá preparará la cena y, la abuelita y yo, haremos la torta.

ANA: (*Con gesto de preocupación*) ¿Y nosotras?

ISABEL: ¿Ustedes?... ¡Ya sé! Se encargarán de la música, los globos y los gorros de cumpleaños, ¿les parece?

SUSANA: (*Entusiasmada y saltando en un pie*) ¡Claro que sí! Los globos serán violetas, pues a mamá le fascina ese color.

ANA y **SUSANA:** (*Preguntando al mismo tiempo*) ¿Harás la torta, David? ¿Desde cuándo sabes cocinar?

(Ana y Susana ríen).

DAVID: Pues no sé cocinar, pero la abuelita me va a enseñar y ayudar en la preparación, además ya encontramos la receta de una torta de chocolate que nos va a quedar deliciosa, ¡ya verán!

(Todos hacen cara de saborearse, pues se imaginan cómo será esa exquisita torta de chocolate preparada en casa).

SUSANA: Escúchenme, hagamos una lista de las cosas que necesitamos.

(Fernando busca un bolígrafo y una hoja para escribir).

DAVID: Nosotros habíamos leído en la receta, que los ingredientes son: mantequilla, huevos, leche, azúcar, chocolate, nata, harina de trigo y chispitas de colores.

ANA: Y nosotras habíamos imaginado globos, servilletas y tarjetas de invitación violetas, para nuestros invitados.

FERNANDO: ¿Invitados?

SUSANA: (*Sonriente*) ¡Claro, papá! Toda la familia: tú, la abuelita, los tíos, David, Ana y yo. (*Pensativa*) Además, necesitaremos gorros violetas. ¡Qué alegría!

ISABEL: ¿Y los ingredientes de la cena?

FERNANDO: Esa será una sorpresa para ustedes.

TODOS: (*Con insistencia*) ¡Dinos! ¡Dinos!

FERNANDO: (*Riendo*) No insistan, ¡los voy a sorprender!

Detective del lenguaje	**El verbo subrayado está en pretérito pluscuamperfecto. Busca otro verbo en pretérito pluscuamperfecto en esta página.**

HARINA

Acto 2

La torta es un desastre

DAVID

ISABEL

FERNANDO

ANA y **SUSANA**

NARRADOR

Escena 1

Escenario *Todos los personajes, excepto el narrador, están en la cocina de la casa de David.*

NARRADOR: Mientras los demás pensaban en más detalles para la fiesta, Fernando fue a comprar todo lo necesario. Cuando regresó con todas las compras, las distribuyó según las tareas asignadas a cada uno.

DAVID: (*Poniéndose el delantal*) Ahora sí, ¡manos a la obra! Si logramos organizar todo con rapidez, tendremos todo listo dentro de poco tiempo.

ISABEL: (*Acariciando con ternura la cabeza de David*) Mijito, no por mucho madrugar amanece más temprano.

DAVID, **ANA** y **SUSANA:** ¿Cómo así?

ISABEL: Eso quiere decir que todo llega a su debido tiempo. La fiesta se iniciará a la hora señalada, no importa si terminamos antes.

DAVID: Primero hay que mezclar la mantequilla con los huevos.

ISABEL: ¿Toda la mantequilla?

DAVID: No señora, solo una libra.

ISABEL: Tienes que saber que el éxito de cualquier receta es seguir todas las indicaciones. Recuerda que no debemos poner ni más ni menos ingredientes, pues podemos tener problemas con nuestra torta. Por lo tanto, debemos seguir los pasos al pie de la letra.

DAVID: (*Buscando un elemento con qué batir*) Tienes toda la razón, abuelita, tú eres sorprendente, ¡sabes muchas cosas! (*Entregándole la batidora eléctrica a Isabel*).

(La abuela enciende la batidora eléctrica).

DAVID: Ahora, cuando el contenido esté bien batido, hay que ponerle una libra de azúcar. (*Pasándole un recipiente a la abuela*) Toma, una libra de azúcar.

ISABEL: ¿Por cuánto tiempo hay que batir?

DAVID: Por diez minutos y, después, se añaden diez huevos, uno a la vez.

(David le da los huevos a Isabel, quien los añade a la mezcla, después le entrega la harina y el chocolate. Isabel la bate con la batidora eléctrica).

ISABEL: Te voy a enseñar mi toque secreto… (*susurrando*) le vamos a poner un chorrito de leche, así quedará más húmeda y sabrosa.

DAVID: ¡Caracoles! Tienes toda la razón, abuelita, acá está escrito que se puede añadir leche si se desea una torta más esponjosa y sabrosa.

ISABEL: Mijito, los años no vienen solos y ya es hora de que vayas aprendiendo mis secretos. Así, un día, se los podrás enseñar a tus nietos.

NARRADOR: Isabel y David se divierten poniendo todos los ingredientes de la preparación. David engrasa el molde para poner la masa y la abuelita mete el molde en el horno a la temperatura recomendada.

AHORA COMPRUEBA

¿Cuál es el toque secreto de Isabel?

(David e Isabel están organizando la cocina y limpian lo que ha quedado sucio).

DAVID: Estoy seguro de que mamá se va a sorprender. (*Probando un poco de la masa del recipiente*) ¡Quedó deliciosa! Sabía que quedaría sabrosa, pero no había imaginado que tanto (*dándole a probar a Isabel*).

ISABEL: (*Saboreando*) Huy, es cierto. Tu mamá va a quedar fascinada. (*Poniendo las últimas cosas en su lugar*) Vamos a ver cómo les ha quedado la decoración a Ana y Susana y en cuarenta minutos sacaremos la torta del horno.

NARRADOR: David sale con su abuela, (*habla con voz misteriosa y David aparece en escena*) pero como está tan ansioso, regresa a la cocina y sube la temperatura del horno al doble de lo que recomienda la receta, pues piensa que así la torta estará lista en solo veinte minutos...

Acto 3

No olvides las instrucciones

DAVID

ISABEL

FERNANDO

ANA y **SUSANA**

NARRADOR

MARTHA (*madre de David*)

Escena 1

Escenario *Sala de la casa decorada con globos y festones violetas.*

ANA: Mira, abuelita, ¿nos quedó lindo?

SUSANA: (*Señalando los globos con su dedo*) Mira los globos en el techo, estoy segura de que a mamá le gustarán.

ISABEL: (*Maravillada*) ¡Les quedó muy bonito!

Escena 2

Escenario *Sala de la casa adornada con globos y festones violetas.*

NARRADOR: Las niñas y la abuela están bailando.

(Suena música festiva).

SUSANA: (*Bailando*) La música está genial, mamá se divertirá muchísimo. (*Observando a la abuela*) Abuelita, ¡cómo te mueves! (*La abuela baila con gracia*).

ISABEL: (*Olfateando*) ¿A qué huele? (*Las niñas también olfatean*) Huele como si algo se estuviera quemando.

(David llega corriendo).

DAVID: (*Agitado*) ¡Abuelita, huele a quemado! (*Señalando la cocina*).

ANA: (*Llevándose las manos a la cabeza*) ¡Oh, es la torta!

AHORA COMPRUEBA

¿De qué color eligieron decorar la casa?

Escena 3

Escenario *En la cocina hay gran cantidad de humo. Todos entran presurosos a la cocina retirando el humo con sus manos. Lucen bastante asombrados.*

SUSANA: Pero, ¿qué ha pasado? ¿Acaso no habían leído bien la receta? Estamos en el siglo XX. No tiene por qué haber incendios en las cocinas modernas.

(David se sonroja y no quiere responder).

ISABEL: No entiendo, dejamos la torta a la temperatura adecuada y solo han pasado diez minutos, (*se da cuenta del gesto de David y se dirige a él)* ¿qué pasó, David? (*Sacando la torta del horno que está quemada por completo*).

DAVID: (*Titubeando*) Yo... yo había creído que si le subía un poco la temperatura al horno, la torta estaría más rápido.

ISABEL: Todo a su debido tiempo, mijito. Es necesario atender las indicaciones y no interpretarlas a nuestro antojo. ¡Mira la complicación en que nos metimos ahora! Es como si estuviéramos en el siglo XIV.

Detective del lenguaje	El número subrayado es un número romano. Busca otro número romano en esta página.

Escena 4

Escenario *La cocina y después la sala.*

FERNANDO: (*Exclamando*) ¿Qué pasó? Yo venía a preparar la cena.

ISABEL: La torta se ha quemado, debemos preparar otra y, como el tiempo es poco, todos tendremos que colaborar. David, las niñas y yo haremos la torta y tú, la cena.

NARRADOR: Entre todos prepararon la torta y estuvo justo a tiempo. La decoraron con chocolate y chispitas de colores. La cena quedó espectacular y los invitados llegaron a la hora programada.

(La casa está oscura y en silencio; hay un gran pastel sobre la mesa y la puerta se abre).

TODOS: (*Gritando*) ¡Sorpresa!

MARTHA: (*Con gran emoción*) ¡Qué regalo más bonito!

DAVID: Mamita, ¡feliz cumpleaños! Todos colaboramos para darte este regalo.

AHORA COMPRUEBA

¿Cómo arreglaron el pastel?

Respuesta a la lectura

Resumir

Usa los detalles más importantes de *Una torta para mamá* para resumir qué descubren los personajes y cómo. Puedes usar el organizador gráfico como ayuda.

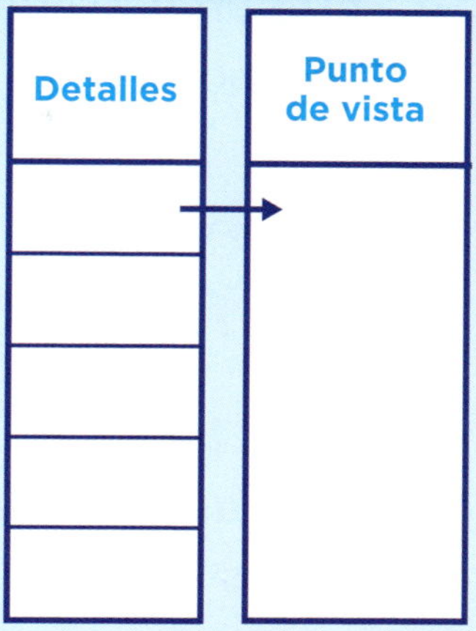

Evidencia en el texto

1. Identifica tres características de *Una torta para mamá* que te indiquen que es una obra de teatro. GÉNERO

2. En el acto 1, escena 1, ¿cuál es el punto de vista de Isabel? ¿Qué dice para expresar ese punto de vista? PUNTO DE VISTA

3. En la página 9, ¿qué significa la expresión "no por mucho madrugar amanece más temprano" ¿Cómo lo sabes? ADAGIOS Y PROVERBIOS

4. Escribe sobre el papel de Isabel en la obra de teatro. Incluye diálogos e indicaciones del texto. ESCRIBIR SOBRE LA LECTURA

Género Ficción realista

Compara los textos

Lee un cuento sobre la manera en que un niño hizo un descubrimiento cuando miró algo por segunda vez.

El caso del melocotón extraviado

—¡Eh! Se ha perdido un melocotón —exclamó papá mientras preparaba los almuerzos de toda la familia—. Los compré ayer y les advertí que hoy se los comerían en sus almuerzos. Así que, ¿quién es el culpable?

Illustration: Scott Pearson

—Aunque adoro los melocotones jugosos, no fui yo —exclamó mamá asomándose detrás de su periódico.

—A mí no me mires, yo no he estado en la cocina —dijo Sara.

—Es definitivo, hay uno perdido, yo sé que compré cuatro para que cada uno llevara uno para almorzar, pero ahora solo hay tres —explicó papá.

Dejó escapar un suspiró de exasperación.

—Bueno, Sara y yo no nos lo comimos —recalcó mamá—. ¿Qué dices tú, Jorge?

Jorge levantó la vista de su novela de detectives.

—Inocente —replicó con solemnidad.

Papá frunció el ceño y cruzó los brazos:

—Alguien lo tomó. Sean honestos y confiesen.

Jorge se levantó de un salto.

—No te asustes, he leído muchos libros de detectives, así que sé lo que hay que hacer.

Sara volteó los ojos y dejó escapar un suspiro.

Jorge la ignoró.

—Primero, necesitamos determinar si realmente hay un crimen para investigar. Dame el recibo del supermercado, por favor, papá.

Papá miró a Jorge con extrañeza, pero le entregó el recibo. Jorge tomó la pesa de la alacena de la cocina, con cuidado pesó los melocotones y luego confirmó el peso en el recibo.

—Tienes razón —le dijo a papá—, sí hace falta uno.

Desocupó el frutero e investigó en la nevera, pero no había señales del melocotón extraviado.

Después hizo una lista de sospechosos y le preguntó a cada uno dónde había estado cuando papá llegó a casa con las provisiones.

Mamá y Sara le recordaron que habían estado en la práctica de natación, así que eso las descartaba.

Luego, Jorge recordó algo que había observado:

—Papá, te vi comiendo algo cuando guardabas las provisiones y ¡tú amas los melocotones!

Papá se veía muy avergonzado.

—No era un melocotón, Jorge —dijo con timidez—, era el último pedazo del pastel de chocolate que quedaba.

—Hum, este caso es mucho más difícil de lo que esperaba —dijo Jorge—, así que necesitamos una recreación. Recoge la bolsa de las compras, papá, y muéstranos exactamente qué hiciste cuando llegaste a casa.

Papá alargó la mano hacia la bolsa. En ese momento Jorge notó el bulto en el fondo.

—¡Caso resuelto! —gritó señalándolo—. El melocotón aún está en la bolsa de las compras. ¿Soy un gran detective o no?

Por una vez, Sara no pronunció palabra.

Haz conexiones

¿Cómo resolvió Jorge el misterio en *El caso del melocotón extraviado*? **PREGUNTA ESENCIAL**

¿Qué tienen que hacer los personajes de cada cuento para lograr sus objetivos? **EL TEXTO Y OTROS TEXTOS**

Enfoque:

Género

Prefiguración Los cuentos y las obras de teatro que incluyen un misterio, con frecuencia, dan indicios o pistas sobre lo que va a suceder más adelante. Esto se llama prefiguración. Es como una sombra que se extiende en frente, cuando el sol está detrás. En un cuento se pueden ver las pistas, antes de que se revele el desenlace.

Lee y descubre En *Una torta para mamá*, David quiere hacer una torta para celebrar el cumpleaños de su mamá. Algunos detalles de la obra de teatro indican que David se precipita y su abuela le dice que tenga paciencia. En la página 7, David aumenta la temperatura del horno. Estos elementos anticipan lo que sucederá al final.

Tu turno

Con tus compañeros de clase, lean en voz alta el acto 2 de *Una torta para mamá*. Lean los parlamentos de David de manera que su comportamiento parezca sospechoso (prefiguración). Lean también el acto 3. ¿Cómo cambia el comportamiento de David y el tono de lo que dice en el acto 3?